W0371537

Inhalt:

HINEIN NACH AFRIKA

Wir gehen auf eine Reise. Es wird eine lange, harte Reise, wahrscheinlich die schwerste Reise, die du jemals machen wirst. Also packe deine Sachen – und vergiß nicht deine Wanderstiefel, Mückenspray und den Sonnenblocker. Wir gehen nach Afrika.

Um dort hinzukommen, wo unsere Reise beginnt, werden wir mit dem Flugzeug über die Wüste der Sahara bis an den Äquator fliegen. Dort werden wir nach Süden abdrehen, die Berge überqueren, den **Edwardsee** hinter uns lassen und weiterfliegen, bis wir zu einem blauen See kommen, der sich so weit wie man sehen kann nach Süden ersteckt: der **Tanganjikasee**.

Schau nach links! Weit im Osten des Sees siehst du das Dorf Ujiji; und dahinter die tiefen Dschungel von Burundi und Tansania.

Im Westen liegt das Land Zaire. Bei der Landung wirst du Zebras und Antilopen, eine einsame Herde Giraffen oder Elefanten sehen. Unser Flugzeug fliegt dicht über eine Schonung verkrümmter Bäume hinweg, kommt mit einem Rumpeln auf, rollt die schmale Landebahn entlang und hält. Als wir aussteigen, bläst uns ein heißer, trockener Wind ins Gesicht, der sich so anfühlt, als käme er aus einem riesigen Föhn.

DR. LIVINGSTONE

Es ist ein gleißender, schwüler Sommertag. Vom Osten her kommen ein Dutzend Eingeborene langsam durch das vergilbte Gras

heran. Die Afrikaner tragen nichts außer einem Tuch um die Hüften. Sie tragen schwere Lasten auf dem Kopf. Auf ihren Rücken glänzt der Schweiß. Ein großer weißer Mann hinkt vor ihnen her. Sein Gesicht ist voller Falten, sein braunes Haar von grauen Strähnen durchzogen. Sein Bart und sein Schnurrbart sind fast weiß.

Obwohl es so scheint, als ob er erschöpft ist und Schmerzen hat, winkt er seinen Trägern ungeduldig zu, damit sie schneller gehen. Schließlich deutet er mit seinem Stock auf das weiche Gras unter einem hohen **Mvulabaum**. Dort lädt die Gruppe ihre Lasten ab und läßt sich ins Gras fallen.

Der weiße Mann nimmt ein Notizbuch mit einem Einband aus Metall aus seiner Reisetasche, setzt sich hin und seufzt tief. »So viele Schwierigkeiten sind mir in den Weg gelegt worden«, schreibt er, »daß ich Zweifel habe, ob Gott mit mir ist ...« Er läßt das Notizbuch in seinen Schoß fallen und öffnet eine zerlesene Bibel: »Mir ist gegeben alle Gewalt im Himmel und auf Erden. Darum gehet hin und machet zu Jüngern ... und lehret sie alles, was ich euch befohlen habe. Und siehe, ich bin bei euch alle Tage bis an der Welt Ende.«

Dieser Mann ist der schottische Missionar, Arzt und Entdecker **David Livingstone**. Er ist auf der letzten Etappe seines afrikanischen Abenteuers. Laßt uns in seine Fußstapfen treten – und einen Blick in seine Notizbücher werfen. Dabei werden wir herausfinden, warum man David Livingstone den größten Entdecker des neunzehnten Jahrhunderts nennt.

DAS MASSAKER IN NYANGWE, 1871

Am folgenden Morgen erreichte David Livingstones afrikanische Karawane die Ufer des Lualaba Flusses und das Marktdorf **Nyangwe**. Frauen in bunten Kleidern breiteten ihre Fischkörbe aus und priesen Süßkartoffeln und Mais an. Es war Markttag, und Dr. Livingstones Gruppe stockte ihre Vorräte auf, bevor sie weiter nach Norden den Fluß entlanggingen.

Dr. Livingstone hatte an der Unruhe und Geschäftigkeit seine Freude,

Afrika vor Livingstone

Als Livingstone im Jahre 1841 in Südafrika ankam, war die Landkarte des »dunklen afrikanischen Kontinents« bis auf ihren Küstenverlauf ganz anders als unsere Karten heute. Portugiesische Forscher hatten die Umrisse des Kontinents 350 Jahre früher schon genau aufgezeichnet: Bartolomeu Dias segelte die Westküste entlang bis zum Kap der guten Hoffnung (1488). Vasco da Gama umsegelte zehn Jahre später das Kap und erforschte die Ostküste. Er war überrascht, dort Handelsposten der Araber vorzufinden. (Diese wurden später Sklavenhandelsposten. Zur Zeit von Livingstones Geburt wurden jährlich etwa 100 000 afrikanische Sklaven in arabische Länder, nach Amerika und Brasilien exportiert.)

Aber obwohl die Küstengebiete und die unteren Verläufe von Afrikas vier großen Flüssen – dem Nil, dem Niger, dem Kongo und dem Sambesi – von Europäern verzeichnet worden waren, gab es auf den Landkarten im neunzehnten Jahrhundert riesige

Diese Karte zeigt Zentralafrika, wie es zur Zeit von Dr. Livingstones Ankunft bekannt war.

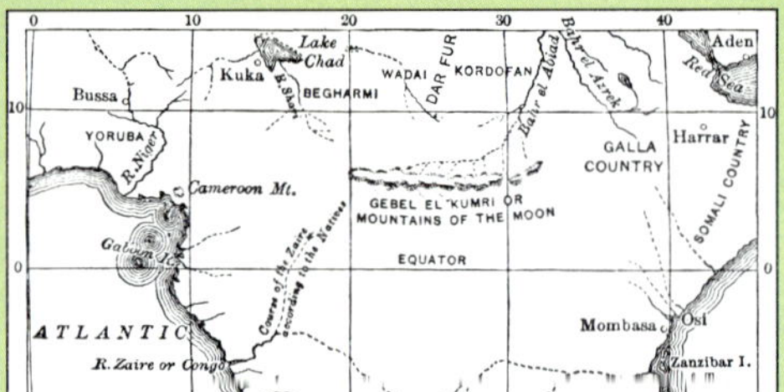

obwohl er an mehreren tropischen Krankheiten litt. Vor vier Jahren war er losgezogen, um ein uraltes Geheimnis zu erforschen: Wo entsprang **der Nil**, der längste Fluß der Welt? Forscher hatten sich schon seit Tausenden von Jahren mit dieser Frage beschäftigt, aber niemand hatte die Quelle je gefunden. Das Innere des afrikanischen Kontinents war noch nie erforscht worden; keine Straßen oder Bahnlinien kreuzten durch den undurchdringlichen, dichten Dschungel. Die einzige Art durchzukommen war auf dem Schiff.

Wenn Livingstone die Quelle des Nil finden und dem Fluß bis zum Victoriasee im Norden folgen könnte, würde das Innere dieses dunklen Kontinents dem europäischen Handel und der Kolonisation offenstehen – und vor allem den Missionaren. Dann könnte die gute Nachricht des Evangeliums Millionen Afrikaner erreichen, die noch nie auch nur den Namen Jesus gehört hatten!

Nyangwe war der letzte Ort, an dem Livingstone Proviant kaufen konnte, bevor er die schwierige Reise nach Norden entlang dem Lualaba-Fluß antrat. Livingstone war optimistisch, als er mit den Frauen auf dem Markt verhandelte. Er war davon überzeugt, daß der Lualaba-Fluß ihn zum Nil führen würde. In ein paar Wochen würde er den oberen Nil auf der Landkarte verzeichnen können!

Da geschah etwas, das seine Pläne drastisch veränderte.

Ein Afrikaner rannte plötzlich aus dem Wald in das Dorf und zeigte auf dunkle Rauchwolken, die hinter den Bäumen aufstiegen.

»Sklavenhändler!« schrie er. »Feuer in den Dörfern!«

Livingstone wandte sich gerade rechtzeitig um, um ein Bande Araber in weißen Gewändern auf den Dorfplatz stürmen zu sehen. Die Araber hielten an und schossen in die Menge. Kinder schrien und versuchten davonzulaufen. Körbe und Eimer wurden umgekippt. Gemüse und Obst rollten auf die Erde oder zerplatzten. Manche

[redacted]

Flächen, die als »unerforscht« bezeichnet wurden. Man glaubte, daß das Innere Afrikas eine riesige Sandwüste sei. Kein Europäer war jemals weiter nach Norden vorgedrungen, als bis zu einer südafrikanischen Kolonie am Rande der Kalahari-Wüste, wo holländische Siedler hingezogen waren, nachdem die Engländer ihre Kolonie erobert und die Sklavenhaltung auf ihren Farmen verboten hatten. Dr. David Livingstone war im Jahre 1849 der erste Europäer, der diese Wüste überquerte und in das unerforschte Zentralafrika vordrang.

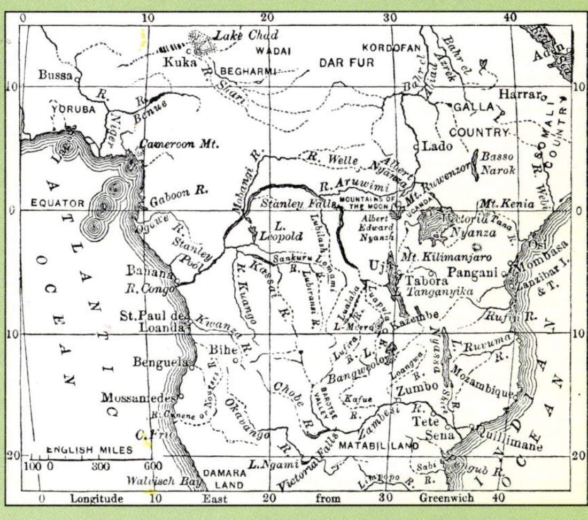

Zentralafrika kurz nach Livingstones Tod.

[redacted]

»Afrika ist wie eine Kommode«, sagte er. »Die obere und die untere Schublade sind aufgezogen worden. Aber die mittlere Schublade ist fest verschlossen.«

Afrikaner rannten zum Fluß und sprangen in die überlasteten Kanus; viele wurden von den Arabern in den Rükken geschossen, während andere verzweifelt mit Händen und Armen paddelten, um zu fliehen. Die Kanus kenterten und viele Menschen wurden von der Strömung davongetragen. Ihre Köpfe versanken einer nach dem anderen im Wasser. Die Araber jagten diejenigen, die nicht verletzt oder getötet wurden, und nahmen sie gefangen, um sie dann zum Sklavenmarkt nach Ujiji zu treiben.

Livingstone befand sich in einem Schockzustand. Um ihn herum lagen verletzte Kinder, und vom Fluß erklangen die Schreie der Ertrinkenden. Mehr als dreihundert Menschen waren in dem Dorf getötet worden.

Später am Tag zählte Livingstone die Rauchsäulen, die von den umliegenden Dörfern aufstiegen: siebzehn. »Es ist, als ob man sich in der Hölle befindet«, schrieb er in sein Tagebuch. »Das Herz tut mir weh! Dieser Ort ist eine Räuberhöhle der schlimmsten Sorte!«

Noch nie – noch nicht einmal bei Krieg zwischen den Stämmen – waren Frauen und Kinder auf diese Art auf dem Weg zum Markt angegriffen worden. Die Sklavenjäger waren Plünderer und Mörder.

IM DSCHUNGEL VERLORENGEGANGEN

In der Nacht war Livingstone unruhig und konnte nicht schlafen. Er rief nach **Susi**, seinem afrikanischen Diener.

»Morgen«, sagte er, »werden wir den Lualaba nach Norden entlanggehen. Es wird eine lange schwere Reise sein. Susi, was meinst du, wie stehen unsere Chancen?«

»Nicht gut, **Bwana**«, erwiderte Susi. »Viele Träger haben uns im Stich gelassen. Bwana ist krank. Wir haben keine Medizin mehr, seit der Träger mit der Arzttasche in den Dschungel weggelaufen ist. Die Chancen stehen nicht gut, Bwana.«

»Was mir Sorgen macht«, nickte Livingstone, »ist, daß ich den Arabern nicht mehr vertrauen kann. In der Vergangenheit waren die Sklavenhändler freundlich zu mir. Sie halfen uns gegen die feindlichen Stämme im Dschungel. Aber nach dem, was heute auf dem Markt geschehen ist, werde ich von ihnen nichts mehr annehmen! Ich frage mich, ob wir umkehren und nach Ujiji zurückkehren sollten.«

»Wie weit bis Ujiji?« fragte Susi.

»Fünfhundert Meilen«, erwiderte Livingstone. »In Ujiji können wir neue Träger anheuern und Medizin kaufen. Bis wir dort ankommen, werden die Vorräte, die ich von der Küste bestellt habe, sicherlich eingetroffen sein.«

Früh am nächsten Morgen gingen Livingstone und seine kleine Karawane denselben Weg zurück, den sie gerade gekommen waren. Susi beobachtete das Gesicht des Arztes, das sich bei jedem Schritt vor Schmerz verzog.

»Bitte ruhen Sie sich aus!« sagte Susi, als er Livingstone vorsichtig half, sich gegen einen Baum zu lehnen, bevor er ihm die Schuhe auszog und die großen Geschwüre an den Füßen seines Herrn säuberte.

Die Reise zurück nach Ujiji dauerte mehr als drei Monate. Die ganze Zeit wurde Livingstone immer schwächer. Er hatte eine fiebrige Lungenentzündung und furchtbare Geschwüre an den Füßen. Schließlich erreichte die Karawanc ihr Zicl – nur um zu cntdcken, daß die Arzneien und Vorräte gestohlen worden waren!

Jetzt konnte Livingstone nur noch warten.

Tropische Krankheiten

Weil Livingstone Arzt war, konnte er viele tödliche Krankheiten der Afrikaner heilen und so ihren Respekt und Schutz erlangen. Er konnte sich dadurch auch selbst von tropischen Erkrankungen heilen. Während seiner 32 Jahre in Afrika litt er an Malaria (eine damals meist tödlich verlaufende Krankheit mit hohem Fieber, die von Parasiten und Stechmücken ausgelöst wird), Ruhr (eine Darmkrankheit, die den Körper austrocknet), Geschwüren (schmerzhaften Wunden an seinen Füßen, die »oft endgültig lähmen, wenn sie nicht zum Tode führen«) und Lungenentzündung.

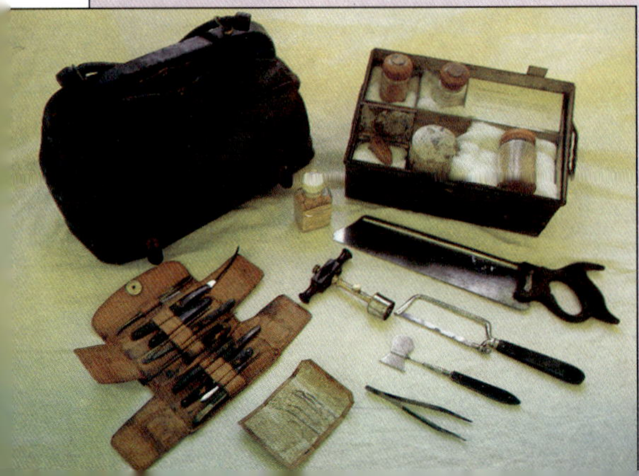

Die Mittel, die Livingstone geholfen haben, waren Chinin und Colomel. Das Foto zeigt einige der Arzneien und medizinischen Geräte, die ihm Stanley im Jahre 1872 mitbrachte. Susi und Chuma, Livingstones treue Diener, brachten sie nach Livingstones Tod nach England zurück.

»DR. LIVINGSTONE, NEHME ICH AN?«

Aber ein Wunder war auf dem Weg: Eine lange gewundene Karawane war unterwegs nach Ujiji, die aus 192 afrikanischen Trägern bestand und mehr als sechs Tonnen Vorräte mit sich führte: Arzneien, Nahrungsmittel, Töpfe, Stoffe, Decken, Zelte – sogar eine Badewanne! Ein Träger trug eine amerikanische Flagge. Neben ihm stapfte ein großer weißer Mann den anderen voraus. Er hieß **Henry Morten Stanley**, ein junger Reporter von der Zeitung **New York Herald**, der größten Sensationszeitung der Welt.

»Es gehen Gerüchte um, daß Dr. Livingstone tot ist«, hatte Stanleys Chef zu ihm gesagt. »Seit Jahren hat keiner mehr von dem berühmten Forscher etwas gehört. Es könnte sein, daß er im Dschungel verschollen ist. Wenn Sie ihn finden könnten, hätten wir sensationelle Neuigkeiten!«

Stanley reiste sofort nach Ujiji. »Ein weißer Mann wurde hier vor kurzem gesehen«, wurde ihm gesagt. **Könnte es Dr. Livingstone gewesen sein?**

Als Stanley und seine Männer um die Mittagszeit am Tanganjikasee ankamen, marschierten sie in das Dorf und feuerten ihre Waffen ab, um auf sich aufmerksam zu machen.

Livingstone lag in einer Strohhütte und las seine Bibel, seine einzige Medizin, als er die Schüsse hörte.

Susi kam hereingestürzt. »Bwana, eine Karawane kommt den Berg herunter!« rief er.

Livingstone stolperte hinaus in die

heiße Sonne. Das ganze Dorf befand sich im Aufruhr. Durch die Bäume konnte er einen Blick auf Pferde und eine endlose Schlange von Trägern erhaschen, die mit Bündeln und Kisten beladen waren. Das war keine Handelskarawane!

Kurze Zeit später kam ein großer junger Mann mit einem Sonnenhelm und einem weißen Tropenanzug auf ihn zu, hielt vor ihm an, nahm sich den Helm vom Kopf und sagte: »Dr. Livingstone, nehme ich an?«

Livingstone lächelte und gab ihm die Hand: »Willkommen in Ujiji!«

»Ich kann es nicht glauben!« rief der junge Amerikaner. »Ich bin tausend Meilen gelaufen – und ich habe Sie gefunden!«

»Mich gefunden?« fragte Livingstone verwirrt. »Dachten Sie, ich wäre verlorengegangen?«

Dr. Livingstone, der sich sehr freute, von Stanley »gefunden« worden zu sein, freute sich noch mehr über den Reichtum an Vorräten, die ihm gebracht worden waren. »Was für ein Wunder«, dachte er. »Gott hat mir sei-

»Dr. Livingstone, Sie scheinen anders zu sein als die anderen Missionare, die ich kennengelernt habe«, sagte Stanley. »Sind Sie ein Missionar oder ein Forscher?«

»Beides«, antwortete Livingstone. »Missionare sollten immer abenteuerlustig sein.« Dann fügte er hinzu: »Um ehrlich zu sein, glaube ich, daß die Missionsgesellschaft zu Hause mich nicht für einen sehr erfolgreichen Missionar hält. Nach mehr als dreißig Jahren hier habe ich nur einen Menschen bekehrt ... und das nicht sehr erfolgreich.«

»Was meinen Sie?« fragte Stanley.

»**Sechele** war ein Stammesfürst in **Kolobeng**«, erwiderte Livingstone. »Ich blieb bei ihnen, bevor ich die Wüste Kalahari überquert habe. Er war beeindruckt von meinen Arzneien, die sein Volk heilten, und er hörte interes-

siert zu, als ich ihm von Gott erzählte.

Eines Tages sagte Sechele: ›Doktor, ich möchte, daß Sie mein Herz verändern – jetzt sofort! Es ist stolz und zornig. Bitte geben Sie mir Medizin für mein Herz!‹ Ich habe ihm gesagt, daß keine Medizin ein Herz verändern kann – nur die Liebe zu Christus. Schließlich wurde er Christ, aber er wollte seine vielen Frauen nicht aufgeben.«

»Seine Frauen aufgeben?« fragte Stanley.

Livingstone schaute in das herabbrennende Feuer und sagte langsam: »Ich bin gewiß, daß das Evangelium die Wahrheit ist, aber wegen der Stammessitten bin ich mir nicht so sicher.«

Stanley hörte Livingstone zu. Er

dreijähriges Kind zurückließen und die Mutter weiterschleppten.

Später fand er einen zwölfjährigen Jungen, der an der Sklavenroute liegengelassen worden war. Bevor er starb, flüsterte der Junge: »Mein Herz schmerzt.«

Dr. Livingstone wußte, daß dies ein Schmerz war, den er mit keiner seiner Arzneien bekämpfen konnte. In der Nacht schrieb er in sein Tagebuch: »Die sonderbarste Krankheit, die ich in diesem Land gesehen habe, ist ein gebrochenes Herz. Diese Krankheit befällt freie Männer, die zu Sklaven gemacht worden sind . . . sie scheinen tatsächlich an gebrochenem Herzen zu sterben.«

Livingstone entschied, daß es seine wichtigste Aufgabe sein würde, die gebrochenen Herzen der Afrikaner zu heilen. Um das zu erreichen, mußte der Sklavenhandel beendet werden.

Bevor er die britische Regierung überzeugen konnte, sich intensiver mit dem Aufbringen der Sklavenschiffe zu befassen, würde er ihre Einstellung zu den Afrikanern verändern müssen.

Dazu brauchte er Stanleys Hilfe. Im Frühjahr 1872 ging Stanley die 1800 Kilometer von Ujiji zur Küste zurück. Livingstone folgte ihm 540 Kilometer weit. In **Unyanyembe** verabschiedete sich Livingstone und gab Stanley seine versiegelten Tagebücher und einen Stapel Briefe für die britische Regierung und seine Freunde in England mit.

Die beiden Männer sahen sich nie wieder. Livingstone ging nach Ujiji zurück, um sich auf seine letzte Suche nach der Quelle des Weißen Nil vorzubereiten. Stanley kehrte nach England zurück und dann nach New York, begierig darauf, der Welt von dem kleinen Jungen zu erzählen, der aufwuchs, um einer der größten Missionare und Entdecker seiner Zeit zu werden.

»Donnernder Rauch«

Auf seiner Expedition den Sambesi entlang zum Indischen Ozean entdeckte Livingstone Mosi-oa-tunya oder »den donnernden Rauch« – die größten Wasserfälle der Welt. Er benannte sie neu nach Viktoria, der regierenden Königin von England.

Die Viktoriafälle sind 115 Meter hoch. Jeden Tag ergießen sich 500 000 Kubikmeter Wasser über den Rand der Fälle. Wolken aus Gischt und Sprühnebel steigen 100 Meter hoch in die Luft und können aus 20 Kilometer Entfernung gesehen werden. Von einer kleinen Insel im Sambesi, am Rande der Fälle aus beobachtete Livingstone dieses Schauspiel (das heute zu den sieben Naturwundern der Welt zählt) und pries Gott. Kein Europäer hatte jemals zuvor die Fälle gesehen. Aber er schrieb: »Solch wunderbare Landschaften müssen von den Engeln im Fluge gesehen worden sein.«

Livingstone schnitzte seine Anfangsbuchstaben und die Jahreszahl 1855 in die Rinde eines Baumes auf der kleinen Insel.

2

KEINE ZEIT ZUM SPIELEN

Alles begann damit, daß David Livingstone am 19. März 1813 in **Blantyre** in der Nähe von Glasgow geboren wurde. Mit zehn Jahren fing er an, in der Baumwollspinnerei in Blantyre zu arbeiten, wo auch sein Vater und Großvater gearbeitet hatten. Es war seine Aufgabe, die abgerissenen Fäden an der Spinnmaschine wieder zusammenzuflicken. Sein Arbeitstag begann um 6 Uhr morgens und endete um 8 Uhr abends. Damals gab es noch keine Gesetze, die Kinderarbeit verboten hätten, keine Gewerkschaften, die die Interessen der Arbeiter vertraten und keine Begrenzungen auf die Länge eines Arbeitstages.

In der Fabrik war es furchtbar heiß, und manchmal fiel es David und seinen Brüdern sehr schwer, während der langen Arbeitsstunden wach zu bleiben. David träumte oft davon, dem allem zu entkommen, aber er wußte, daß das nur durch eine Ausbildung möglich war. Er wollte in einem weitentfernten Land, wo noch niemand gewesen war, Missionar sein. Er wollte auch ein Wissenschaftler sein. Sein Vater hatte ihm erzählt, wie nötig eine neue Art von Missionar gebraucht würde: Prediger mit medizinischer Ausbildung, die sowohl Gottes Wort lehren, als auch Krankheiten heilen konnten.

»Hey, Junge! Träumst du schon wieder?«

David, der in der Fabrik dabei erwischt worden war, zu träumen, wandte sich um – und bekam einen Eimer kaltes Wasser ins Gesicht geschüttet.

»Das wird dich wach halten!« grinste der Vorarbeiter.

Sobald der Vorarbeiter außer Sicht war, zog David sein lateinisches Wörterbuch aus der Tasche und stellte es oben auf die Spinnmaschine. Er las ein Stück in dem Buch und ging dann die Räder entlang, um nach gerissenen Fäden Ausschau zu halten. Dabei sagte er sich vor, was er gerade gelesen hatte.

Jeden Abend um 8 Uhr sammelten sich die Kinder, die in der Baumwollspinnerei von Blantyre arbeiteten, in einem Schulzimmer nebenan für zwei

Stunden Unterricht. Die meisten waren zu müde um zu lernen; aber nicht David. Er bereitete sich eifrig auf seine Zukunft vor, indem er jedes Buch las, dessen er habhaft werden konnte – besonders Bücher über die Wissenschaft und die Natur.

Um 10 Uhr abends ging David nach Hause, um fünf Stunden zu schlafen, bevor er dann wieder zur Arbeit mußte. Seine Familie lebte in einer winzigen Einzimmerwohnung mit einem Kamin und zwei Betten. Das wurde von der Baumwollspinnerei gestellt. David lebte so mit seinen zwei Brüdern, zwei Schwestern und seinen Eltern, bis er 23 Jahre alt war.

Sonntags wurde nicht gearbeitet. Nach dem Gottesdienst gingen David und sein Bruder **Charles** am liebsten im Umland auf Entdeckungstour und sammelten Steine, Pflanzen und Insekten. Eines Sonntags kamen sie zu einem Steinbruch, wo jemand eine Schubkarre mit Steinen belud.

»Schau, Charles!« sagte David und nahm einen Stein hoch. »In diesem Stein sind Muscheln.«

»Muscheln?« wunderte sich Charles. »Warum sind in dem Stein Muscheln, wenn das Meer 90 Kilometer weit von hier entfernt liegt?«

Der Mann, der die Steine auflud, antwortete: »Als Gott die Steine gemacht hat, hat er auch die Muscheln geschaffen und dort hineingelegt!«

David lachte und sagte: »Ja, Charles, das ist die Wissenschaft!«

Charles wandte sich um. »Warum lachst du, David? Die Wissenschaftsbücher sind nicht gut für dich. Schau, was mit deinem Glauben geschehen ist! Glaubst du nicht mehr, daß Gott

die Welt erschaffen hat?«

»Natürlich«, antwortete David und steckte den Stein in seine Tasche. »Der Mann hat nur die wahre Erklärung übersprungen. Die Muscheln in dem Stein beweisen, daß vor langer Zeit diese Gegend vom Meer bedeckt war. Als das Meer zurückging, versteinerte der Sand – und die Muscheln waren darin eingeschlossen. Das zu akzeptieren, Charles, heißt nicht zu verleugnen, daß Gott die Erde geschaffen hat. Es bestätigt nur, daß in all seiner Schöpfung Logik und Ordnung herrscht!«

Als David dreiundzwanzig wurde, hatte er genug Geld gespart, um bei der Spinnerei aufzuhören und in der Stadt zur Schule gehen zu können. Sein Vater lief mit ihm die acht Meilen nach Glasgow und half ihm ein winziges Zimmer in dem Armenviertel Rotten Row zu finden.

ENDLICH MISSIONAR

Vier Jahre später bestand Livingstone seine letzten medizinischen Prüfungen. Die **Londoner Missionsgesellschaft** bestimmte einen Pfarrer, der ihm das Predigen beibringen sollte. Eines Abends, als er in Stanford Rivers auf die Kanzel stieg, vergaß Livingstone seine ganze auswendig gelernte Predigt. »Freunde . . . Ich habe alles vergessen, was ich zu sagen hatte!« stammelte er und eilte hinaus.

Aber kurz bevor seine Ausbildung zum Missionar beendet war, hörte Livingstone die Predigt eines erfolgreichen Missionars aus Südafrika, **Robert Moffat**. Nach der Versammlung erzählte Livingstone Moffat, daß er bald ein Missionsarzt sein würde, aber nicht wüßte, wohin er gehen sollte.

»Herr Moffat«, fragte er höflich, »meinen Sie, daß ich mich für Afrika eignen würde?«

Moffats Antwort formte die Vision, die Livingstone die nächsten 33 Jahre seines Lebens führen sollte: »Ja«, sagte Moffat, »wenn Sie nicht an einem Ort bleiben, sondern in unbekanntes Gebiet vordringen. In der Morgensonne, auf den weiten Ebenen nördlich meiner Missionsstation, habe ich den Rauch tausender Dörfer gesehen, in denen noch nie ein Missionar gewesen ist!«

Im November des Jahres 1840 wurde Livingstone als praktizierender Arzt anerkannt – obwohl er fast durch die Prüfung fiel, weil er sich mit einem seiner Professoren darüber stritt, wie man ein Stethoskop benutzt. Am nächsten Morgen ging er an Bord eines Dampfers nach London, dann eines Seglers namens George, mit Kurs auf Cape Town, Südafrika.

WEITER, IMMER WEITER

Zweiunddreißig Jahre später – in Unyanyembe, wo Stanley ihn das letzte Mal verlassen hatte – spürte Livingstone, daß seine Reise bald zu Ende sein würde. In den fünf Monaten, in denen sie auf neue Träger warteten, las er und beobachtete alles um sich herum: die Spiele der afrikanischen Kinder, die Stammessitten und die geologische Struktur des Landes.

Der Plan des Doktors war einfach. Sobald die Träger erschienen, würde er nach Südwesten um das südliche Ende des Tanganyika See vordringen bis zu den Kupferminen von **Katanga**. »Nur acht Tagesmärsche von hier sind die großen Quellen, die Sie suchen«, sagten ihm die Eingeborenen. Er würde dem Lualabafluß nach Norden folgen, in der Hoffnung, daß er in den Nil mündete. Dann könnte er aufhören und nach England zurückkehren.

Der geheimnisvolle Nil

Der Nil ist der längste Fluß der Welt (3888 Kilometer). An seinem unteren Verlauf entstand eine der ersten Zivilisationen der Welt, die bereits 3000 v. Chr. einen Höhepunkt erreichte. Aber der obere Verlauf des Flusses blieb den Europäern bis in die jüngere Zeit unbekannt.

Seit den Tagen der Pharaonen hatten Entdecker und Geographen über die Quelle des Nils gerätselt. Niemand wußte etwas Genaues. Der griechische Historiker Herodot berichtete im 5. Jahrhundert vor Christus von zwei geheimnisvollen Bergen mit konischen Gipfeln im Inneren Afrikas. Er glaubte, daß zwischen diesen die Quelle des Nil lag. Der ägyptische Geograph Ptolemäus behauptete im 2. Jahrhundert nach Christus, daß der Nil aus zwei großen Seen am Fuße »der Mondberge«, südlich des Äquator entsprang. Diese antiken Theorien blieben bis zum

Livingstone kehrte jedoch niemals zurück. Lange Zeit war er ständig krank und hatte innere Blutungen. »Ich bin am Darm erkrankt«, schrieb er. »Ich habe seit acht Tagen nichts zu mir genommen.« Die Eintragungen in sein Tagebuch wurden täglich kürzer. Die Regenzeit setzte ein. Seine Männer mußten ihn durch überschwemmtes Gebiet und dicht mit Papyruspflanzen und Lotusblüten bewachsene Sümpfe tragen, um nach einem Stückchen trokkenem Land zu suchen.

Eines Abends machte die Karawane neben einem Ameisenhügel der angriffslustigen Safariameisen halt, die für ihren schmerzhaften Biß bekannt waren. Livingstone wollte beweisen, daß die Ameisen nur beißen würden, wenn man sie dazu herausforderte. Er ließ zu, daß die Ameisen über seinen Fuß krabbelten. Bald war sein ganzer Körper damit bedeckt. Seine Männer brauchten zwei Stunden, um die beißenden Insekten von ihm abzuwischen.

Den ganzen Winter über marschier-

18. Jahrhundert unangefochten.

Im Jahre 1770 verfolgte der schottische Entdecker James Bruce den Verlauf des nördlichen Flußarms (der Blaue Nil) bis zu seiner Quelle im Hochland Äthiopiens. Man glaubte, daß ein viel längerer Flußarm (der Weiße Nil), weit im Süden entsprang.

Im Jahre 1858 entdeckte der britische Entdecker John Speke den Viktoriasee, von dem er glaubte, daß er die Quelle des Weißen Nil sei. Acht Jahre später, als Livingstone auf seine letzte Reise ging, wollte er beweisen, daß Speke unrecht hatte. Livingstone glaubte, daß der Nil weiter im Südwesten, bei den Kupferminen von Katanga entsprang. Er starb auf dem Weg dorthin.

Nach Livingstones Tod führte sein Freund Henry Stanley die Suche um den Tanganjikasee und den Viktoriasee herum weiter. Stanley löste endgültig das uralte Geheimnis um die Quelle des Nil. John Speke hatte recht gehabt: Der Viktoriasee ist der Ursprung des Weißen Nil.

Stanley beim Segeln um den Viktoriasee.

te Livingstone weiter. An manchen Tagen kamen sie nur eine Meile weit voran.

Er war jedoch fest entschlossen, sein Ziel zu erreichen, und schrieb: »Ich fasse in dem Herrn, meinem Gott, Vertrauen und gehe weiter.«

Im April konnte Livingstone nicht weiter vorwärts gehen. Er wies seine Männer an, eine Trage zu bauen und ihn zu tragen, obwohl er vor Schmerzen nur noch stöhnen konnte. Als sie das Dorf des Häuptlings **Chitambo** erreichten, wußten sie, daß es keinen Sinn hatte, ihren Anführer weiterzutragen. **Chuma** und Susi, die beiden treuen Männer, die so lange bei ihm gewesen waren, bauten eine große Hütte und füllten sie mit den Dingen, die ihm am meisten bedeuteten: seine Bibel, seine geographischen Instrumente, sein Gewehr, seine Arzneienkiste

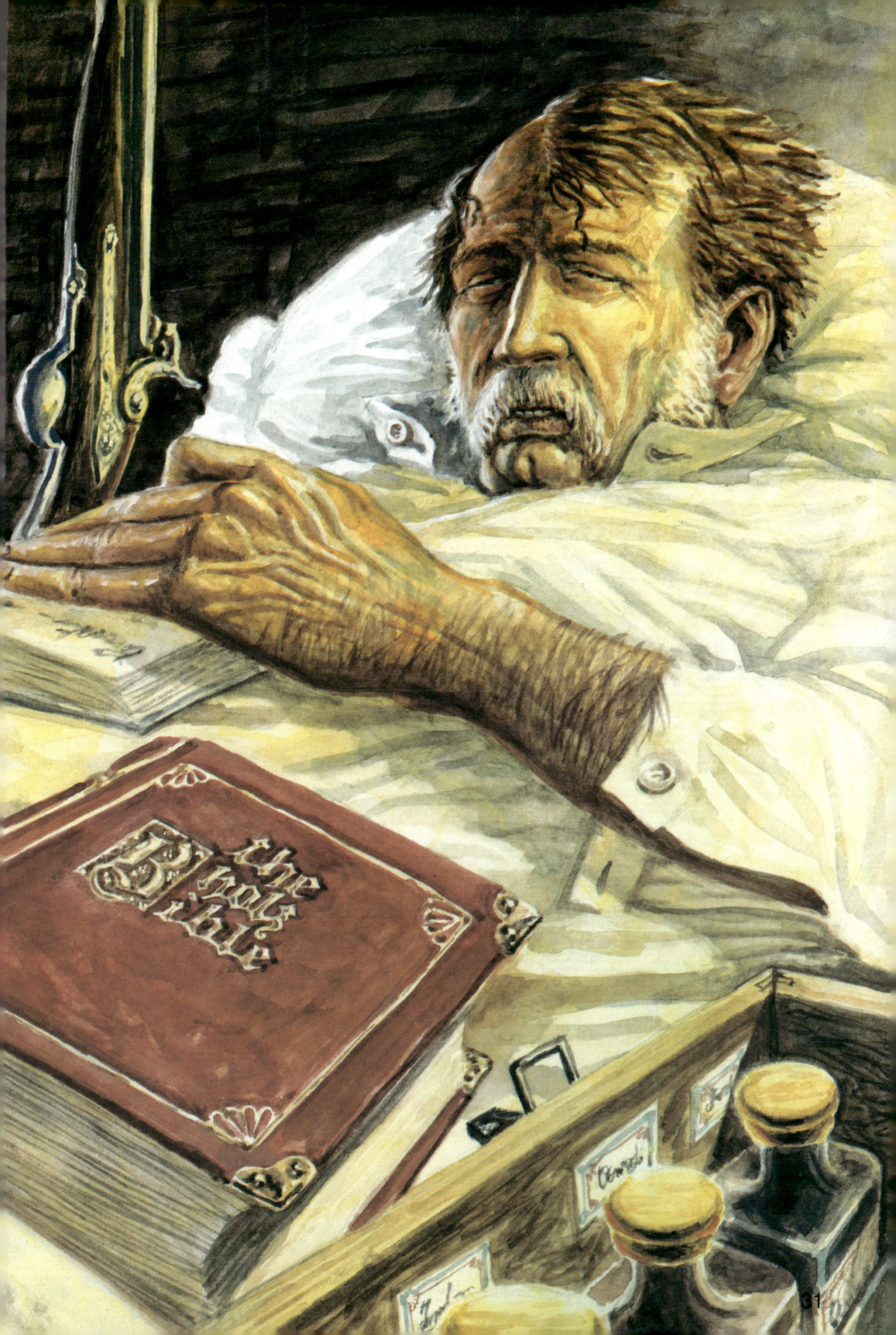
The holy Bible

und das in Metall gebundene Tagebuch. Am Sonntag, den 27. April 1873, schrieb David Livingstone zum letzten Mal in sein Tagebuch: »Es geht mir sehr schlecht . . . Wir sind am Ufer des Flusses Molilamo.«

Drei Tage später wachte er immer nur für kurze Zeit aus seinem fiebrigen Schlaf auf. Um 23 Uhr erwachte der Doktor und rief nach Susi.

»Machen unsere Männer diesen Lärm?« fragte er schwach.

»Nein«, sagte Susi. »Die Dorfbewohner verjagen einen Büffel von ihren Feldern.«

Der Doktor war etwas verwirrt. »Ist das der Luapulafluß?« fragte er.

»Nein, noch nicht,« antwortete Susi.

Dann fragte der Doktor auf Suaheli:

»Siku ngapi kuenda Luapula?« (Wie viele Tage noch bis zum Luapula?)

»Na zani ziku tatu, Bwana!« (Ich glaube noch drei Tage, Herr!)

»O du meine Güte«, seufzte der Doktor schmerzhaft auf.

Am nächsten Morgen vor der Dämmerung, am 1. Mai 1873, fand Susi den Doktor an der Seite seines Bettes kniend, seinen Körper vorgestreckt und den Kopf in den Händen vergraben. Susi lehnte sich vor und legte vorsichtig seine Hand gegen die Wange von Livingstone. Sie war fast kalt.

Dr. David Livingstone war tot.

DIE LETZTE HEIMREISE

Chuma und Susi trugen ihren toten Anführer hinaus. Die Dorfbewohner von Chitambo trauerten um den Doktor, schwenkten ihre Bogen und Speere. Zwei Stunden lang war die Luft von Trommeln und Wehklagen erfüllt. Dann schnitt **Farjala**, der Assistent des Doktors, der einmal beobachtet hatte, wie Livingstone eine Leiche geöffnet hatte, um die Todesursache festzustellen, die Brust Livingstones auf, nahm das Herz und die Eingeweide heraus und vergrub sie in einer Zinnschachtel unter einem afrikanischen Mvulabaum.

Jacob, ein früherer Sklave, den Livingstone freigelassen hatte und der bei Missionaren in der Schule war, las den Trauergottesdienst aus dem Gebetbuch des Doktors – er wollte ihm den Respekt erweisen, den er jedem großen afrikanischen Häuptling erwiesen hätte. Dann rieben die Afrikaner den Leichnam mit Salz ein und übergossen ihn mit Brandy aus der Kiste mit Arzneien. Damit bereiteten sie den Körper auf die lange Reise zurück zu Livingstones eigenen Leuten vor.

Zwei Wochen lang ließ man den Leichnam in der Sonne trocknen, dann wurde er in eine Tierhaut eingewickelt und in einen Zylinder aus der Rinde eines Myongabaumes gelegt. Schließ-

lich wickelten sie ihn in Segeltuch, bestrichen das Ganze mit Teer und befestigten es an langen Tragestangen. Die Gruppe machte sich auf den Weg zur Küste gegenüber von Sansibar, rund 2800 Kilometer entfernt. Neun Monate später kamen sie dort an und wurden von 700 befreiten Sklaven empfangen, die gekommen waren, um sich von dem großen Missionar, der ihnen die Liebe des christlichen Gottes gezeigt hatte, zu verabschieden.

Elf Monate nach seinem Tod erreichten die Überreste des berühmten Entdeckers England und wurden mit einem Heldenbegräbnis in der Westminster Abbey beigesetzt. Er wurde im ganzen Land betrauert.

Aber Livingstones treue Diener in Afrika trauerten auch. Sein Herz war in afrikanischer Erde begraben, unter den Wurzeln eines schönen Mvulabaumes.

ENDLICH ERFOLG

An dem schwarzen Tag in Chitambo, als Livingstone seinen Kopf in den Händen begrub und starb, mußte er gedacht haben, daß er versagt hatte. Nicht nur waren die geographischen Fragen, die er lösen wollte, unbeantwortet, sondern auch die Missionsarbeit, die er gründen wollte, gab es nicht, und der arabische Sklavenhandel bestand immer noch.

Wenn er nur hätte wissen können, daß innerhalb von fünf Jahren nach seinem Tod alle drei Probleme gelöst wurden – alles wegen seiner anhaltenden Pionierarbeit! Sein Freund **Verney Cameron** folgte dem Lualaba-Fluß bis zum **Congo-Fluß**. Die Quelle des Nil wurde von seinem Freund Stanley eindeutig im Viktoriasee nachgewiesen. Neue Missionsgesellschaften entstanden und verteilten sich überall in Zentralafrika. Und im Jahre 1876 wurde der Sklavenmarkt in Sansibar endgültig geschlossen, zum Teil durch den Einfluß eines anderen Freundes, John **Kirk**.

Livingstones Tagebücher und Briefe geben detaillierte Auskünfte über die Pflanzen, Steine, Insekten und Tiere Afrikas – und auch über die Menschen und ihre Stammeskulturen. Die großen weißen Flächen, die bis dahin auf den Landkarten »unerforscht« markiert waren, wurden von Livingstone mit Tälern und Hochländern, Seen, Bergen, Wäldern und hunderten von Flüssen gefüllt.

Was Livingstone von anderen Ent-

Afrika nach Livingstone

Livingstone zeigte nie Interesse für die politische Entwicklung der Länder, die er erforschte; er zog nie eine Flagge hoch oder erhob Anspruch auf ein Land im Namen der britischen Regierung. Livingstone nahm an, daß Afrika den Afrikanern gehörte. Trotzdem war der »Kampf um Afrika« eine der tragischen Folgen seiner Pionierarbeit.

Nach Livingstones Tod heuerte König Leopold II. von Belgien seinen Freund Henry Morton Stanley an, um »die Mög-

deckern seiner Zeit abhob, waren nicht nur seine vielen beeindruckenden Entdeckungen, sondern seine seltene Sympathie und sein Verständnis für das afrikanische Volk, dessen Sprachen und Sitten er gelernt hatte. Als Livingstone starb, enstand eine neue Einstellung im weißen Europa – Respekt für das afrikanische Volk und eine wachsende Bereitschaft, sie als gleichwertig anzusehen.

Livingstone zahlte einen hohen Preis für seinen Auftrag, Afrika zu befreien. Er gab eine Karriere unter seinem eigenen Volk auf und tauschte Komfort und Annehmlichkeiten für harte Zeiten und Krankheiten, sogar bis zu dem Punkt, daß er sich zeitweilig von Gott verlassen fühlte. Aber Livingstone erreichte mehr durch sein anscheinendes Versagen als andere mit ihrem Erfolg.

»Die Westminster Abbey hat ihre Tore Männern geöffnet, die größere und bedeutendere Rollen in der Geschichte der Menschheit gespielt haben«, schrieb eine Londoner Zeitung am Tag seiner Beerdigung, »aber die Anwesenden heute waren der Meinung, daß selten jemand eingelassen worden ist, der dessen würdiger war – einer, der weniger selbstsüchtig war in seiner Hingabe an die Pflicht – einer, dessen Hauptbedürfnis es war, seinen Mitmenschen Gutes zukommen zu lassen und das Wissen und die Zivilisation zu fördern – als der tapfere, bescheidene, aufopfernde Afrika-Entdekker.«

lichkeiten des Kongo zur Entwicklung« zu erforschen. Tatsächlich suchte der König eine Möglichkeit zu kolonisieren – und da Stanley einen Investor für seine nächste Forschungsreise suchte, nahm er den königlichen Auftrag an.

Während Stanley durch das breite Kongotal zwischen dem Tanganyikasee und der Atlantischen Küste marschierte, gründete König Leopold »Die internationale afrikanische Gesellschaft« für Wissenschaftler und Geographen. In der Praxis war diese Gesellschaft eine Tarnung für die persönlichen ökonomischen und politischen Interessen des Königs in Afrika. Leopold sicherte das Gebiet des Kongo erfolgreich für sich.

Im Jahre 1885 wurde Afrika bei einer Konferenz von 14 europäischen Staaten in Berlin in europäische Kolonien aufgeteilt. Frankreich nahm den nordwestlichen Teil, Belgien einen Teil des Westens, Großbritannien und Deutschland je einen Teil des Ostens. Nach dem Ersten Weltkrieg wurden die deutschen Kolonien unter den anderen aufgeteilt.

Der »Kampf« wurde nach dem Motto geführt: »Nimm, was du kriegen kannst.« Dabei gab es keine Regeln außer denen der diplomatischen Rhetorik – und es wurde keine Rücksicht auf die Wünsche der afrikanischen Häuptlinge genommen, die das Land seit Jahrhunderten regierten.

Zusammen mit der Kolonisation kam auch die Zivilisation und ihr versprochener Segen von ökonomischer Entwicklung, Hygiene, Handel, Bahnlinien, Schulung und die Abschaffung des Sklavenhandels. Innerhalb von wenigen Jahren wurde Afrika aus der Steinzeit in das Industriezeitalter befördert – und es ist schwer zu sagen, ob die afrikanische Bevölkerung davon profitiert oder eher verloren hat. Heutzutage kämpfen die afrikanischen Länder unabhängig von ihren europäischen Kolonialherren um Identität und Demokratie.

»Ich gehe zurück nach Afrika, um zu versuchen, dort einen Weg für den Handel und das Christentum zu eröffnen; vollendet Ihr die Arbeit, die ich begonnen habe! Ich überlasse sie Euch!«

(Livingstone, Vortrag an der Cambridge Universität, 1857)

Die Meilensteine im Leben Livingstones

1813 David Livingstone wird am 19. März in Blantyre, Schottland, geboren.

1823 Livingstone beginnt in der Blantyre Baumwollspinnerei zu arbeiten.

1836 Livingstone schreibt sich an der Universität Glasgow ein.

1840 Nach bestandenem medizinischen Examen und einer Ausbildung zum Missionar segelt Livingstone nach Südafrika.

1841 Livingstone erreicht die Missionsstation in Kuruman. Henry Stanley wird in Wales geboren.

1843 Livingstone baut die Pionierstation in Mabotsa auf.

1845 Livingstone heiratet Mary Moffat.

1849 Livingstone überquert die Wüste Kalahari.

1851 Livingstone entdeckt den oberen Verlauf des Sambesi und die Viktoriafälle.

1853-56 Livingstone überquert Afrika zwischen Luanda (Angola) und Quelimane (Mosambik).

1856-58 Livingstone besucht England und wird als Held gefeiert.

1858-63 Die Sambesi-Expedition scheitert.

1862 Mary Livingstone stirbt am Sambesi.

1864 Livingstone besucht England zum letzten Mal. Sein Sohn Robert stirbt im amerikanischen Bürgerkrieg.

1865 Livingstone geht nach Afrika zurück, um nach der Quelle des Nil zu suchen.

1871 Livingstone wird von Stanley »gefunden«.

1873 Livingstone stirbt am 1. Mai in Chitambo.

1874 Livingstone wird in der Westminster Abbey in London beigesetzt.

BIBLIOGRAPHIE

David Livingstone, Missionary Travels and Researches in South Africa (1857)
David and Charles Livingstone, Narrative of an Expedition to the Zambesi and its Tributaries (1865)
David Livingstone, The Last Journals of David Livingstone in Central Africa (1874)
Jack Simmons, Livingstone and Africa (1955)
Jeanette Eaton, David Livingstone (1947)
Richard Humble, The Travels of Livingstone (1991)
East Africa (Time/Life 1987)
Susan Clinton, The World's Great Explorers: Henry Stanley and David Livingstone (1990)
Thomas Pakenham, The Scramble for Africa (1991)
Hörspiel: 3000 Meilen durch den Dschungel, VLM

LIVINGSTONES AFRIKA
R. Nile
Lake Albert
Mt. Kilimanjaro
R. Lualaba
R. Congo
Lake Edward
Lake Victoria
Nyangwe
Ujiji
Unyanyembe
Zanzibar
Lake Tanganyika
Lake Mweru
R. Luapula
Lake Nyasa
Chitambo
R. Zambesi
Kebrabasa rapids
R. Shire
Mary Livingstone
Sesheke
Victoria falls
D.L. 1855
Kalahari Desert
Quilimane
INDIAN OCEAN
Lake Ngami
Kolobeng
Mabotsa
Kuruman
R. Orange
Miles
100 200 300 400 500